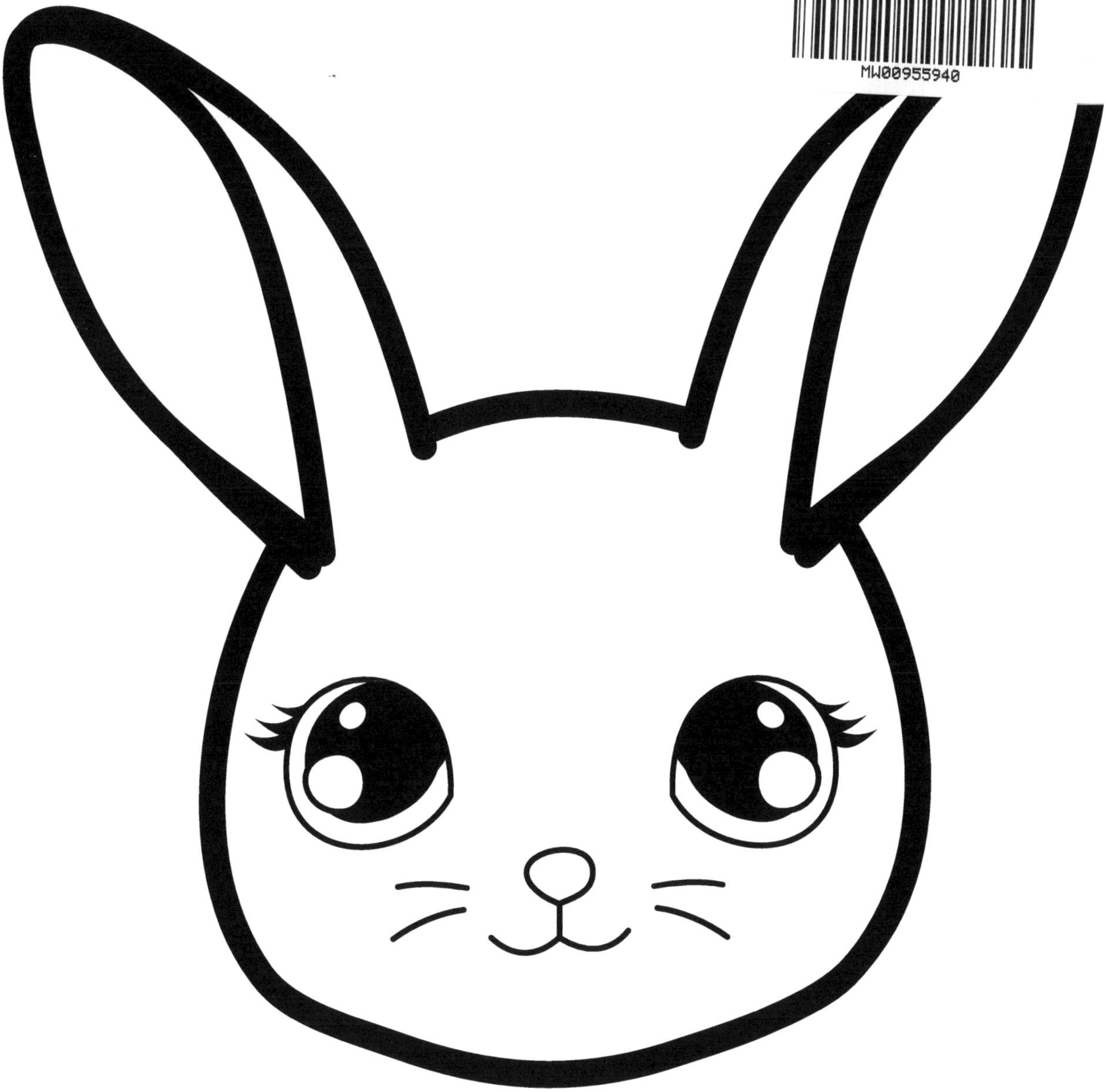

EASTER

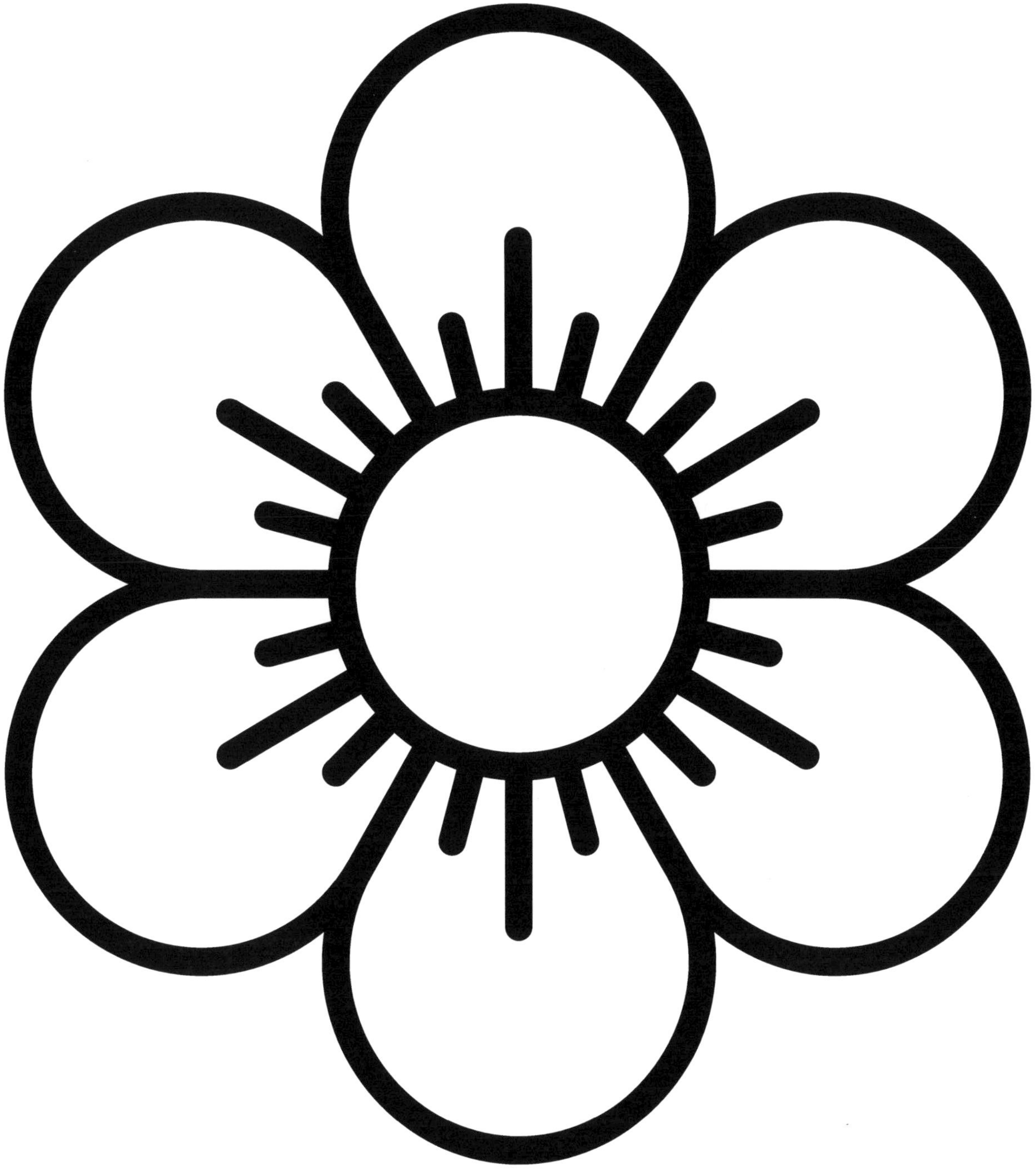

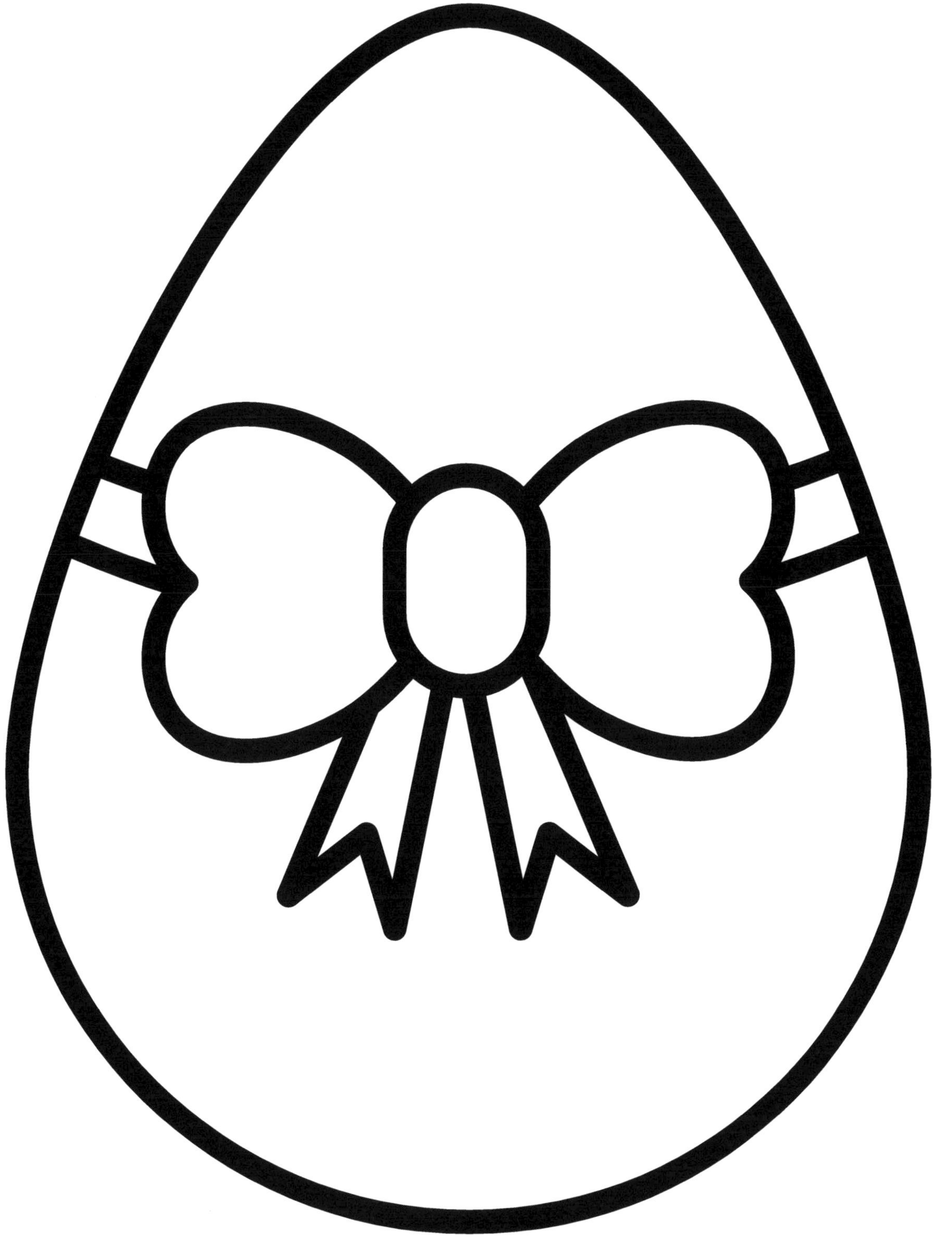

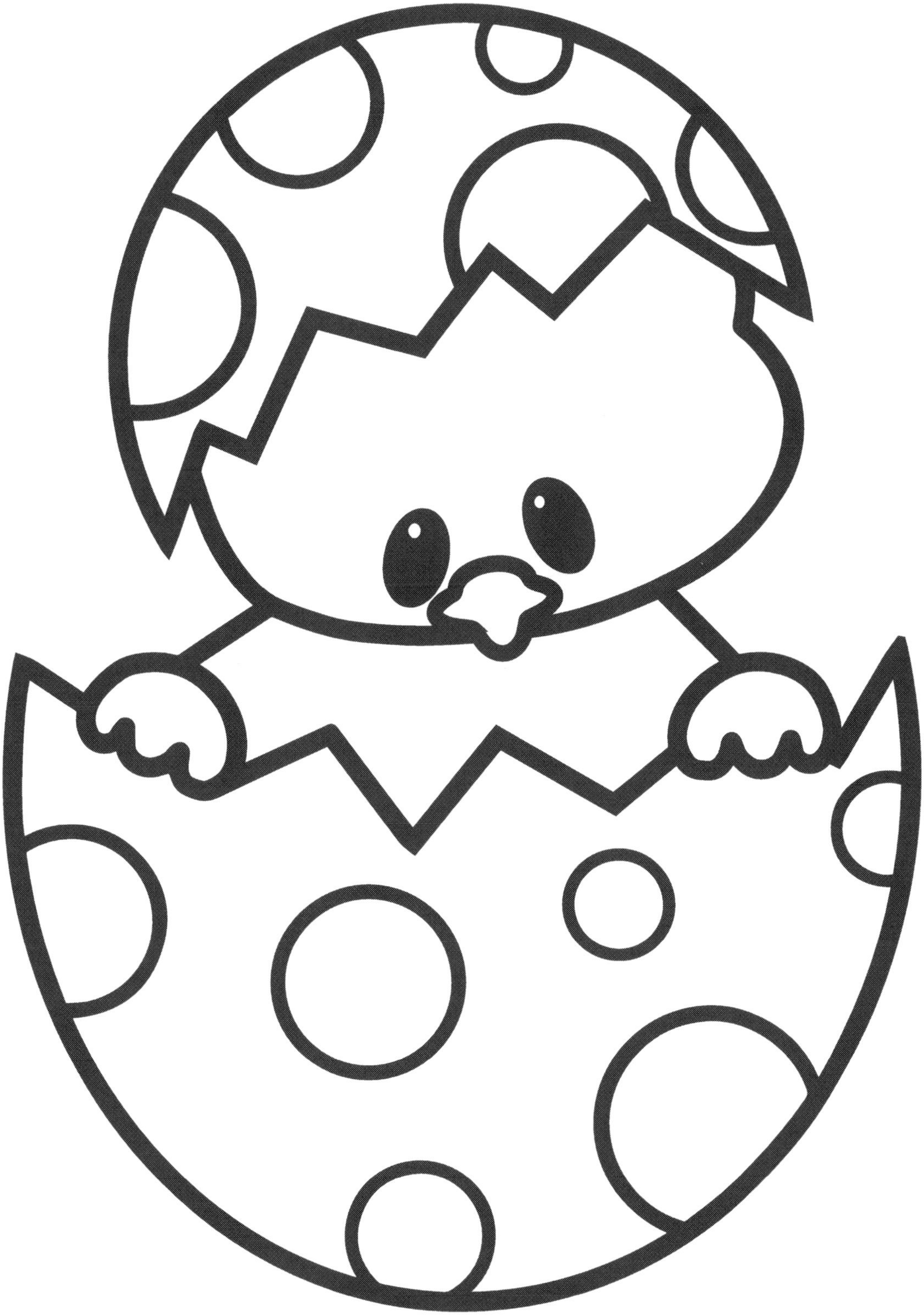

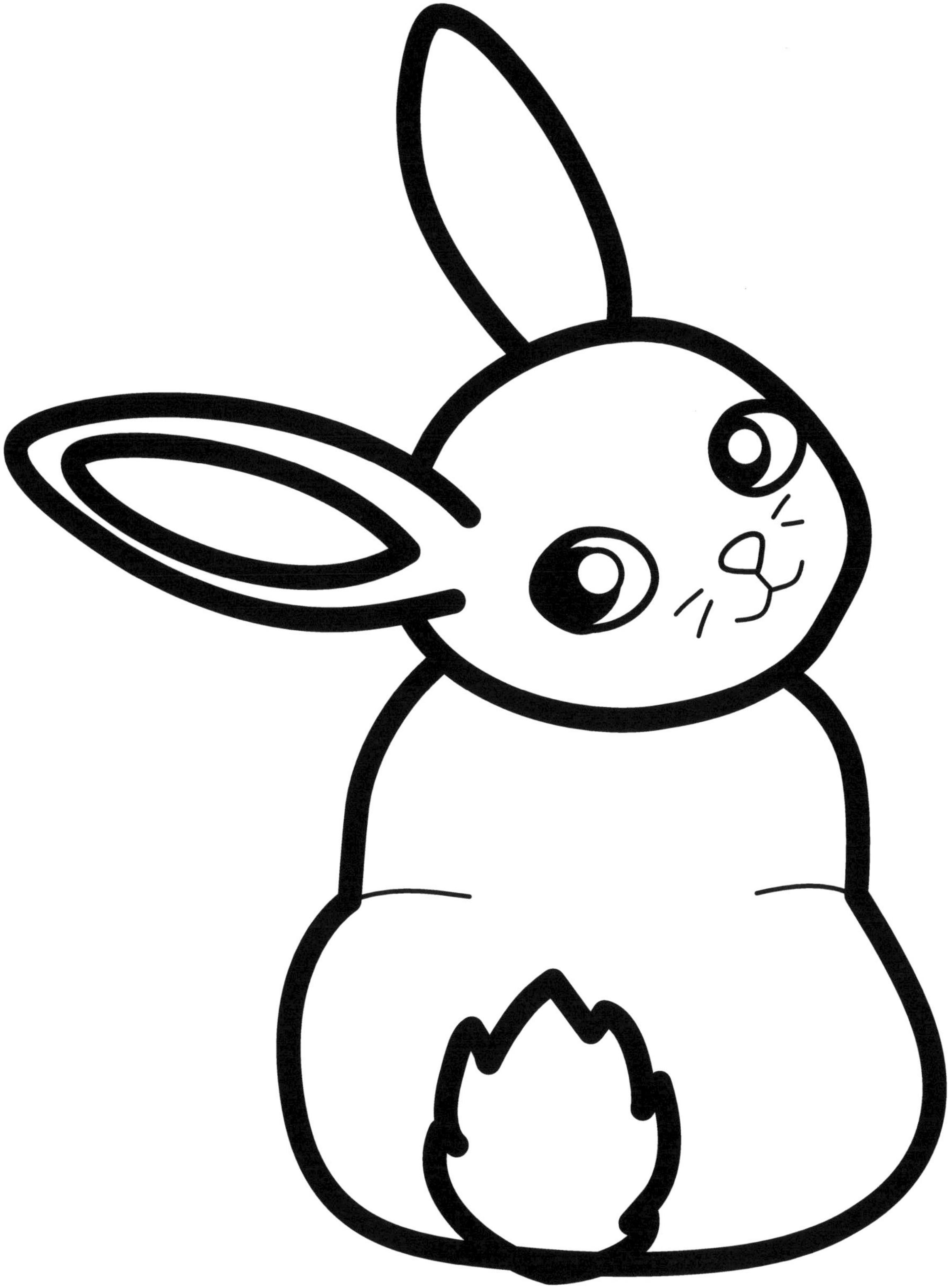

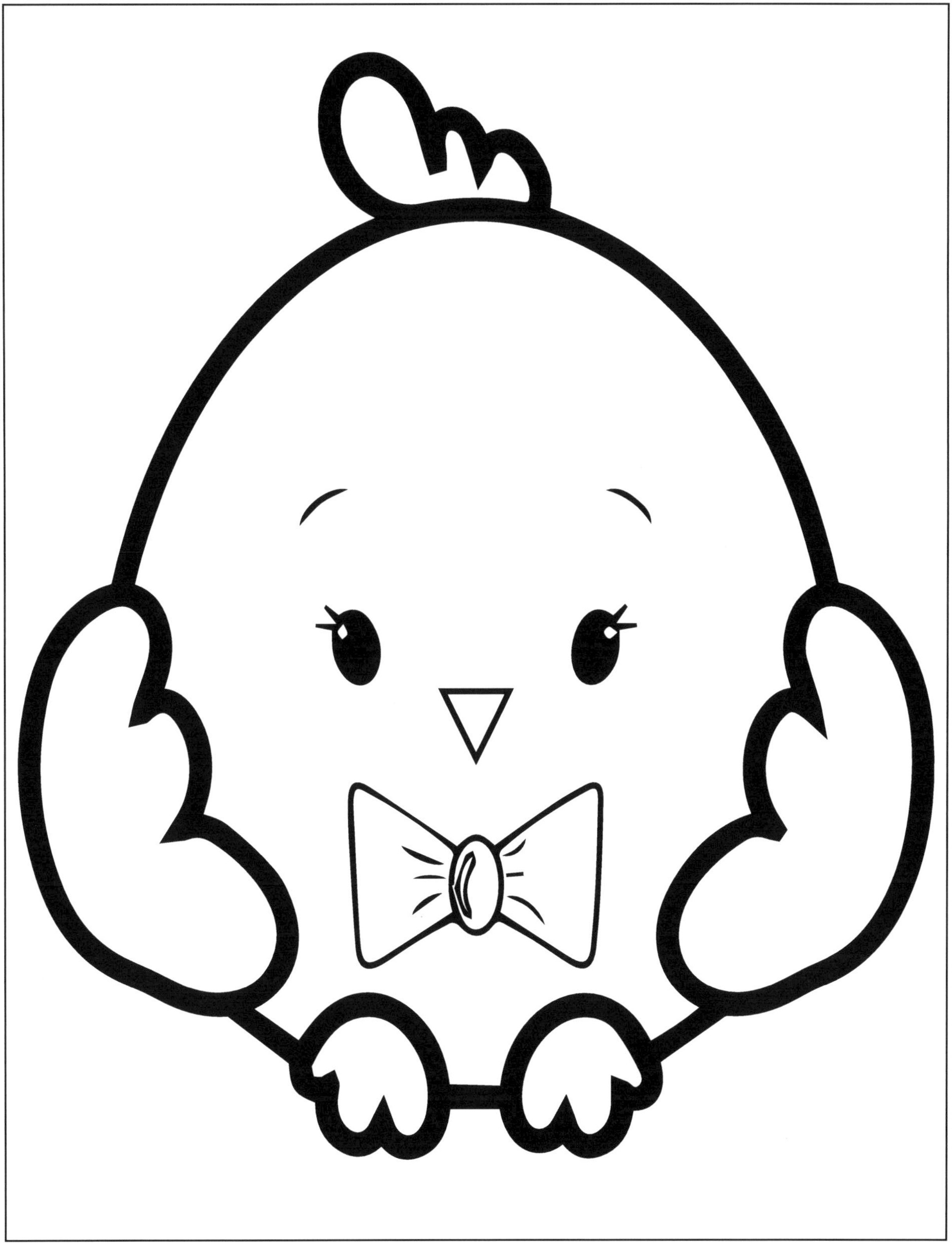

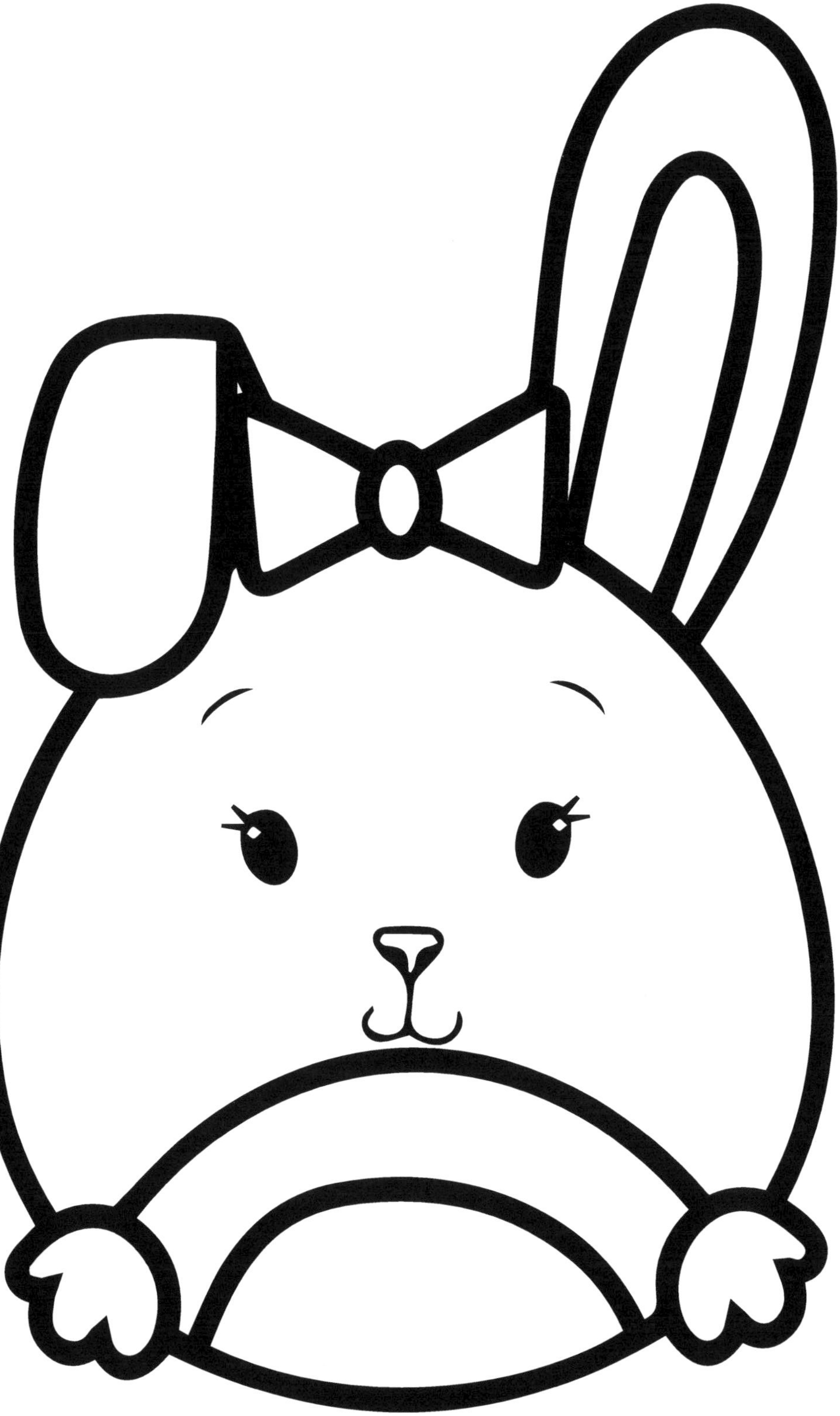

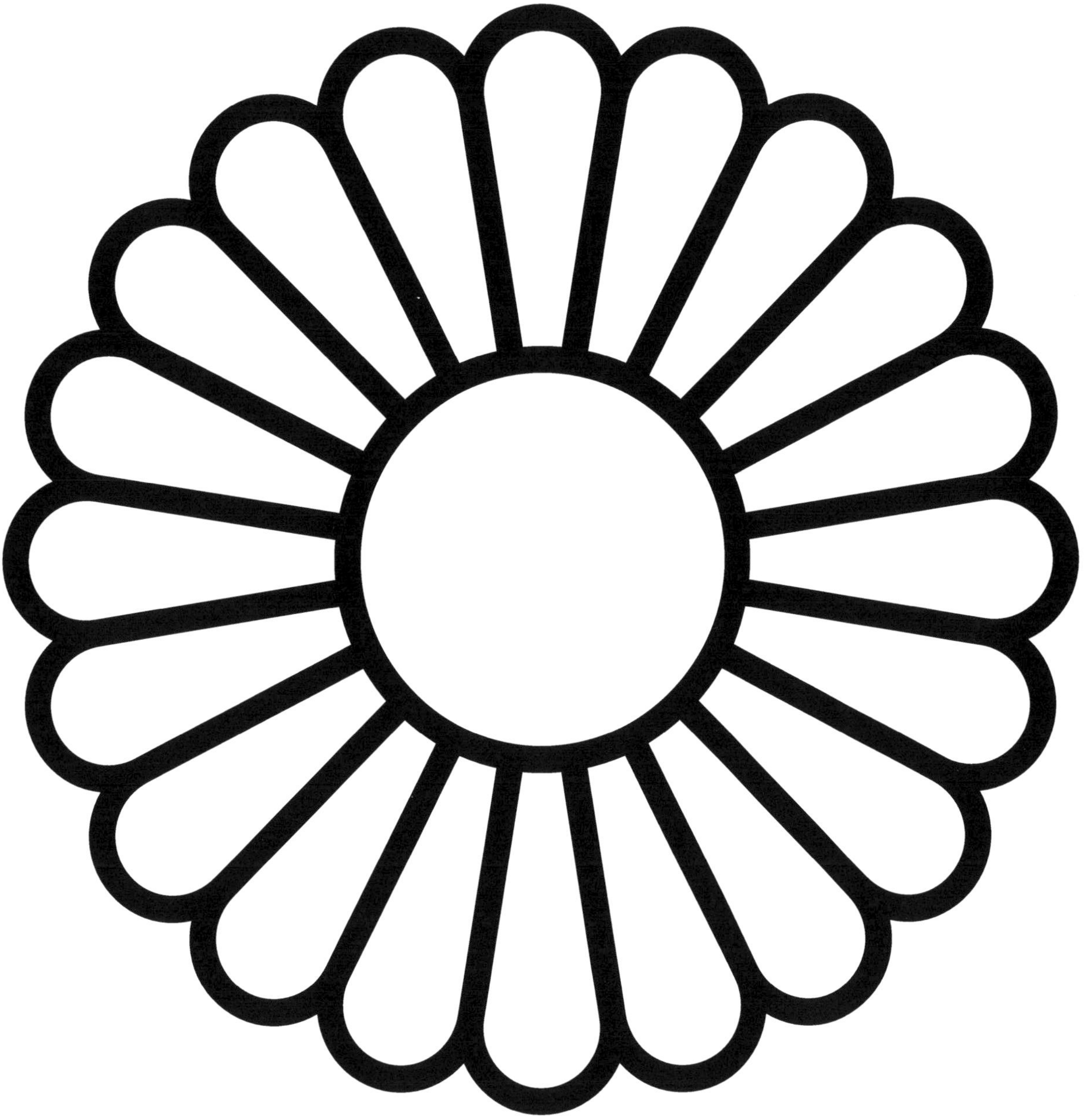

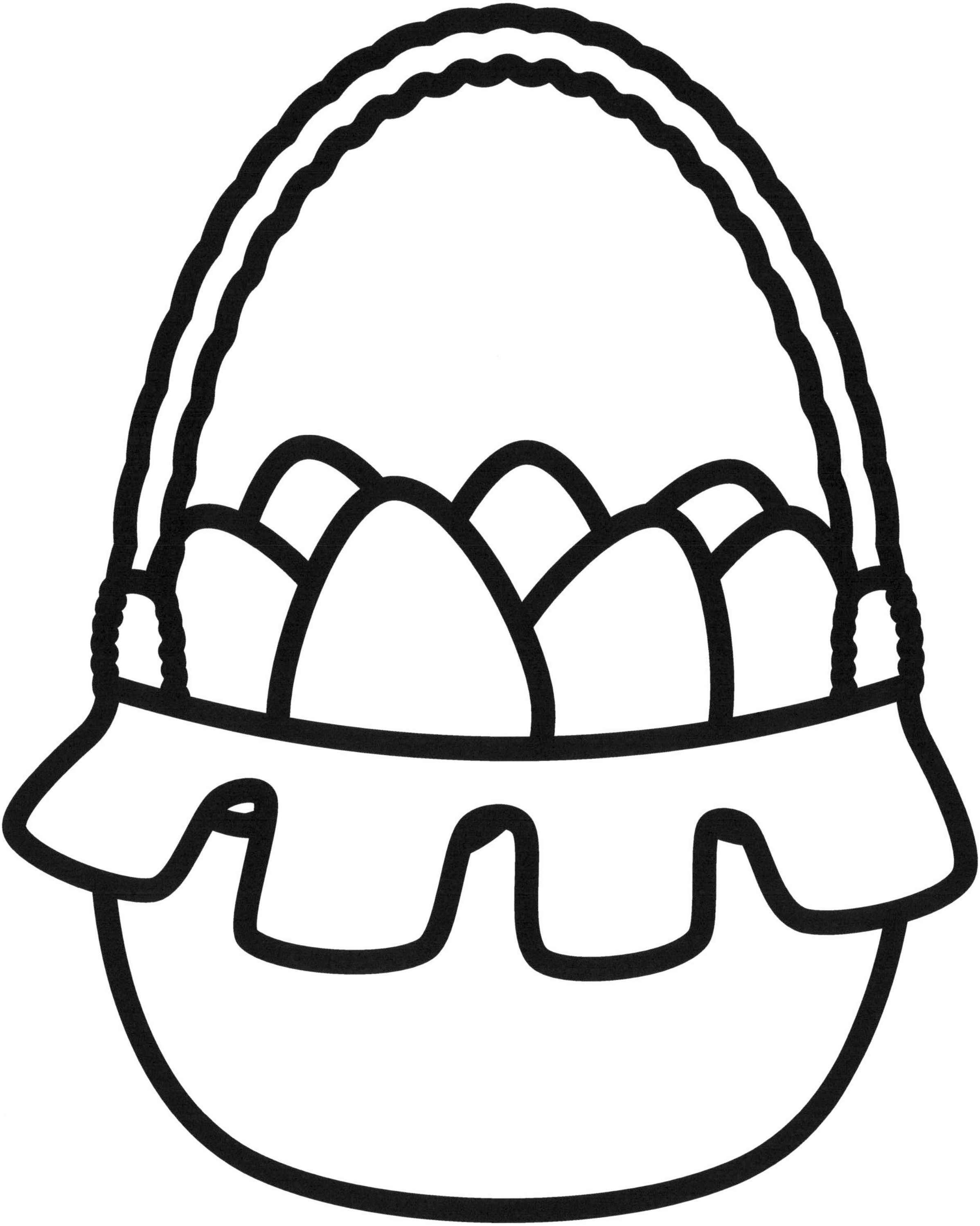

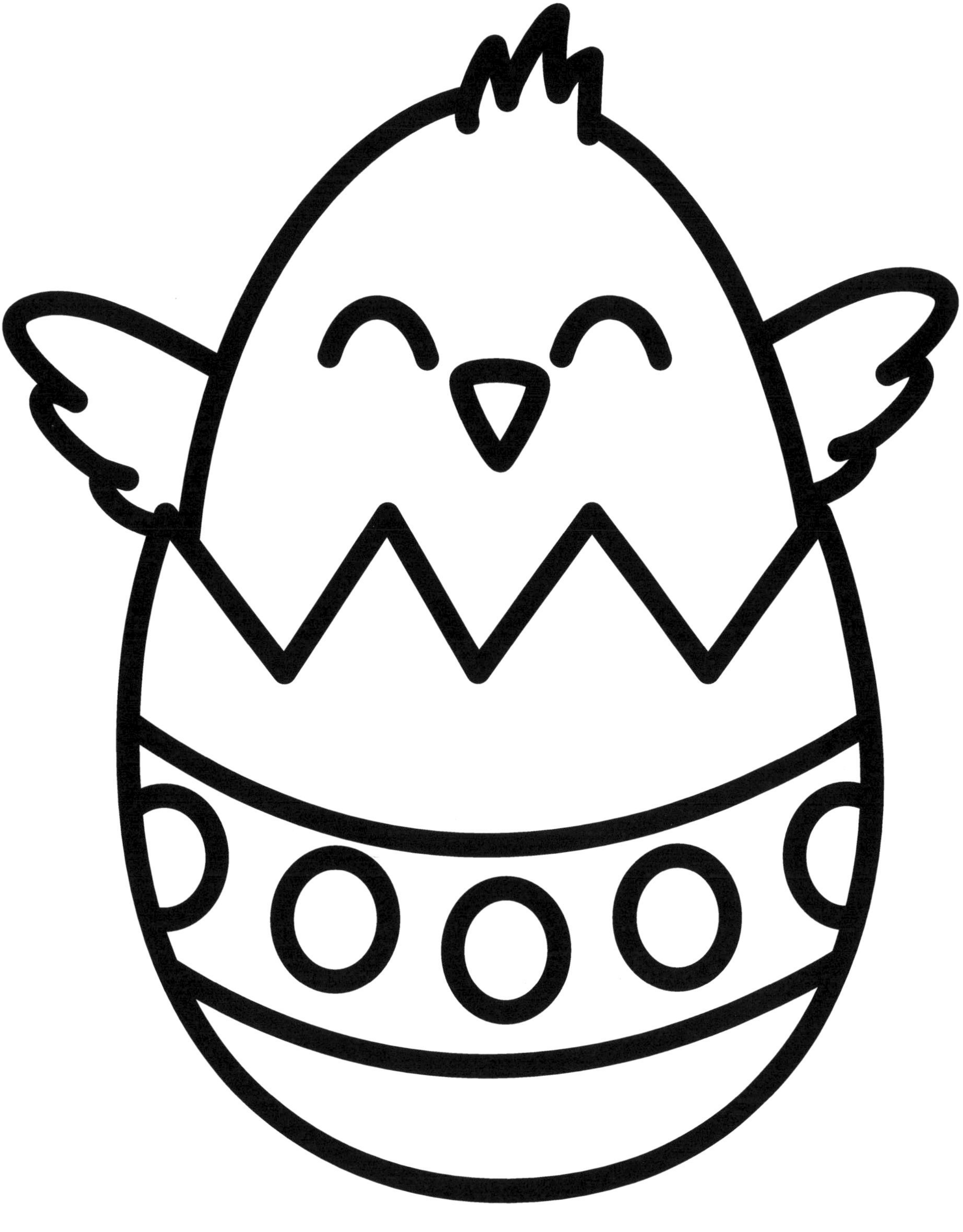

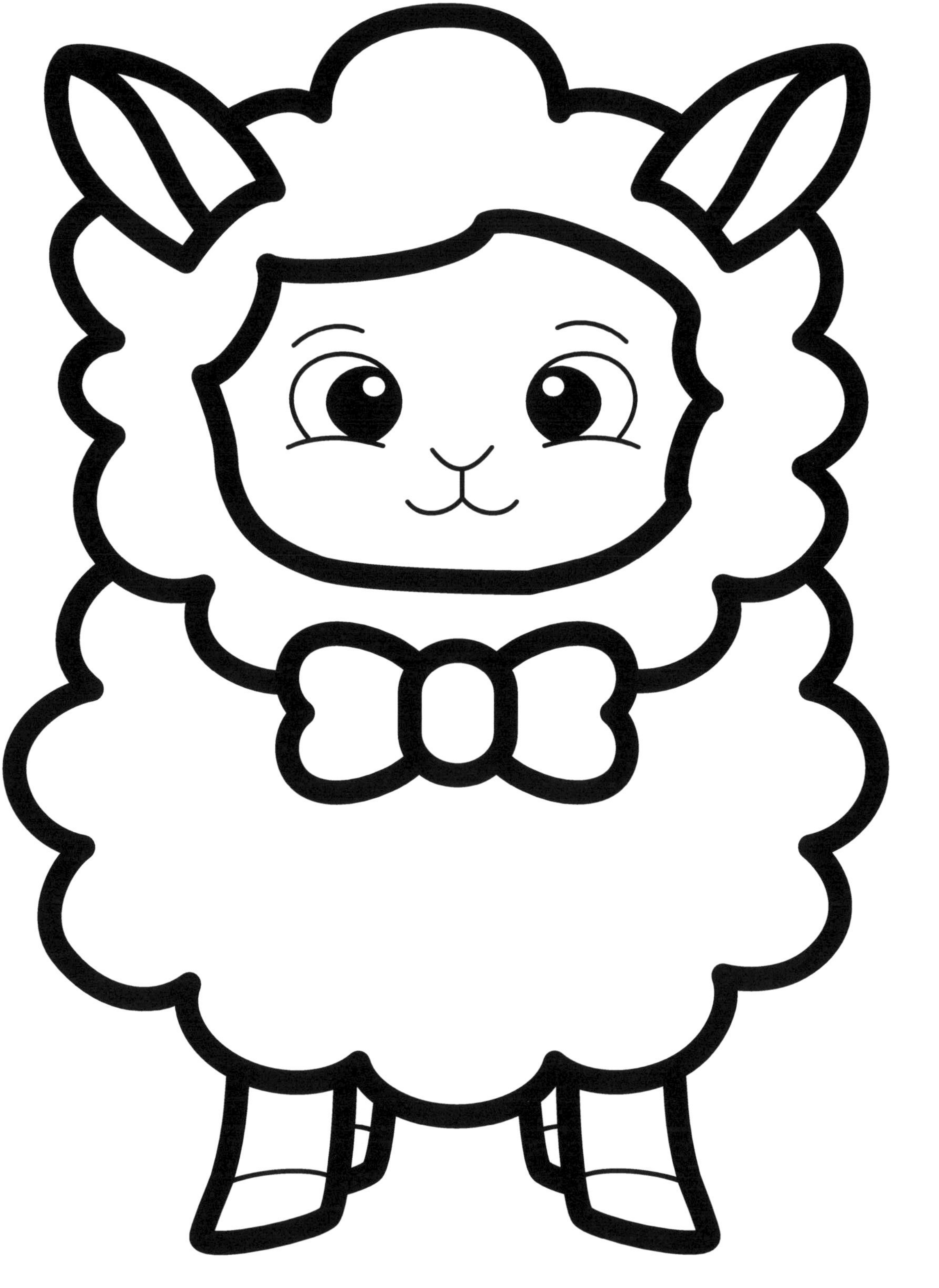

Made in the USA
Monee, IL
01 April 2023

31042162R00015